JN440779

문박산 그루터기

서인원 시집

오늘의문학사

◆ 序詩 ◆

당신을 찾아
예순아홉 대문을 열었지.

구름 위에 숨었는지
이름은 있어도
얼굴이 보이지 않았지.

말이라도 하려므나
손짓이라도 하려므나.

어둠이 오기 전에
찾지 못 하면
삼도천 못 건너 떠돌다가

외로운 길,
새벽별 바라보며 나오겠지.

차례

2부 시름을 묻었다

3부 흐르는 물에

4부 아름다운 삶

1부

소나무를 보며

장미꽃

소낙비를 맞고 서 있다.

허세와 광기로 운명을 아우르지 못하고 진펄에서 헤매던 한때, 잃은 것이 너무 많아 회한을 삼키던 바람처럼 스쳐간 그대는 장미꽃이었다. 젖은 몸으로 삶의 마지막 문턱을 넘는다.

소나기가 그리움을 부른다.

찔레꽃

초록빛 햇살
반짝이는 덤불 속
달콤한 찔레순이
유년을 부른다.

가난도 모르고
삶도 몰랐던 그 시절
산 너머
강물처럼 흐른다.

잊혀지는 고향의 꽃
깨끗한 그 꽃.

모과

나도 한때는
세상이 부끄러워
머리를 들지 못했다.
자신을 미워했었다.

채산 소나무

부둥켜안고 울었다.
원망을 해도
대답이 없었다.

타관에서 떠돌다가
황혼기에 다시 찾아
지난날의 상처를
더듬는다.

파고 든 뿌리
시련을 겪으면서
우듬지까지
물을 길어 올린다.

나는 아직도
어린나무처럼
아우성치며
타관을 헤맨다.

* 채산 : 충남 청양군에 있는 고향의 뒷산 이름.

호박꽃 사랑

한 송이 호박꽃을
사랑했었네.

젖살 오른 아기처럼
복스러운 꽃

어서 오라 손짓해도
바라만 보았네.

소나기에 찢긴
꽃잎에 발 굴렀네.

혼자 울면서
사랑을 지키네.

내복 한벌

아버지는 나에게
몸과 마음을
다 주셨다

늙고
병들어 고통스럽고
외롭게 살다 가셨다

눈보라치던 겨울 밤
나는, 사랑방 문 앞에서
아버지의 신음소리를 들었다

방문을 열고 들어가 보았다
아무리 추운 겨울도
'고통을 견디며 살아라'
입으시지 않은 새 내복이
쪼그리고 앉아 있었다

나목裸木

벗어 버려도
털어 버려도
마지막 한 잎
욕심과 미련을 달고 있다.

푸름 가득한 날
넘치고 터질까 봐
붉음으로 살다가
소리없이 사라진다.

욕심과 미련 가득
얼룩진 이 세상
나무의 숨은 진리를
내가 배운다.

침묵하면서
내일을 준비하는 나목의 지혜
마음을 빼앗긴 채
나는 마냥 서 있다.

갑천 물오리

갑천의 달빛이 차다.
갈대를 헤치며 지나는 바람이
물결을 짓는다.

자동차 불빛
점차 다가오면서 경적을 울린다.
물오리들이
흔들리는 달 위에 떠 있다.
물 그림자가 출렁인다.

출렁이는 저 물도
달빛 아래에서는
한낱 윤슬일 뿐이다.

번쩍이는 물비늘
쏜살같이 낚아채는 물오리
수면을 박차고
힘찬 날갯짓이다.

소나무를 보며

칼에 찔렸는지
눈물처럼 흐르는 송진 자국이
허옇게 묻어 있다.

앞으로 다가섰다.
몇 날을 울었는지
눈물 자국이 길게 나 있다.

제 살 깎인 자리
평생 지우지 못 하고
살아가는 상처가 아프다.

세상 삶이 이런 것이려니,
받은 상처
피할 수 없을 때도 있으려니,

무심코 잎을 본다.
상처를 다독이며
소생을 기원하는 힘이다.

꽃에게 묻는다

마음을 비운다.
비어 있음이 아름다우려니.

죽음을 예감한 소나무는
더 많은 솔방울을 단다.

많이 갖고 싶은 것이
예나 지금이나 자연의 이치.

너도 나도 이름 석 자 남기려고
죽은 자의 비석을 세운다.

마음을 비운다.
활짝 핀 꽃으로 다가선다.

영국사 은행나무

은행나무 잎
노랗게 물들었다.

허공에 매달려
춤추고 있다.

헛바퀴 돌더니
툭 떨어진다.

다음 해 봄에
새롭게 돋아나겠지.

땅에서 다시 돋은
새 가지에서도.

새의 죽음

산새가 현관에 떨어져 있다.
새의 주검,
찬 콘크리트가 무상하다.

저 새도 한때는
불꽃같은 사랑을 했겠지.
살려고
새끼를 기르려고
날고 또 날았겠지.

결국은 혼자 가야 하는 길
어둠의 장벽에 가리워
나 역시
날마다 그 길을 가고 있다.

허공 속에서 한 획을 긋던
저 새는
말이 없다.
온 세상이 숨을 죽인다.

그루터기伐根

눈물 젖은 얼굴
삶을 마감하는 슬픔이 어린다.

세월이 가득 담겨진
나이테가 동그랗다.
날아드는 햇살을 안고 살아온
비밀스런 속내를
내 보이고 만다.

얼마나 살고
어떻게 살았는지
슬픔을 쓸어 담기도 전에
다시 가슴에
나뭇잎처럼 쌓인다.

장목長木의 당당함으로
서러워 마라
다시 환생의 바람이 불어온다.

도솔산 등산로에서

도솔산 등산로에 오른다.
허옇게 드러난 소나무의 뿌리
그 뿌리를 밟고 오른다.

살갗이 찢겨 나가
뼈만 남은
그 뿌리에서 피멍울을 본다.

드러난 상처를
제 손으로 감쌀 수 없는 나무의 운명
결국은 그렇게 살다가
그렇게 떠날 것을 예감하며
나를 돌아보게 되는가.

질긴 것이 목숨이다.
신음소리 한번 지르지 못하고
그 자리에서 밟히기만 하는 소나무
그 뿌리를 밟으며
오늘도 나는 산을 오른다.

하늘을 바라본다.
푸른 잎이 절레절레 손을 흔든다.

은선 폭포 소나무

은선 폭포 근처 바위 절벽에
수평으로 누워 사는 소나무 한 그루
'남과 똑 같은 삶은 싫다'
고집을 부리던
청춘 시절의 내 모습이다.

다가설 수 없는 곳에서
내리 쪼이는 햇볕 아래 누운 소나무
흰 조각구름이
돛단배처럼 그 위를 흐른다.

비좁은 바위틈에
실낱 같은 뿌리로
큰 바위를 감싸안고
산의 비밀을 지키는 소나무

아직도 삶의 무거운 짐을 털지 못하고
허둥대는 나에게
절벽에서 가볍게 살아가는 자신처럼,
자신처럼 버리며 살라 한다.

문박산을 바라보며

우리 아버지는 일자 무식이셨다. 어머니는 허공을 보고 고함을 지르셨다. 기울어 가는 가세家勢처럼 대추나무는 빗자루병에 걸려 있었다. 문박산 바위가 바라보이는 초가집에서 태어나 눈썹이 까만 나는 어머니의 작은 키를 닮았다.

평생 고집과 자존심으로 버티어 따라다닌 건 외로움이었다. 불의는 싫었고, 어려움은 피하지 않았다. 얼굴에서 얼음 같은 냉기를 읽고, 눈에서는 순정을 느끼는 시골 아낙도 있었지만. 후회하고 채찍질하면서 절름발이처럼 살아왔다.

함박눈 내리는 새벽
문박산을 바라보며
속을 비운다.

태백산에서

—1999.6.19 금산군 농림과장 시절

명예퇴직이 아쉬워
태백산을 찾는다.
오르막길을 걷는다.
발이 무겁고 숨이 찬다.

산길과 수렁길,
많이도 걸었다.
아직도 숨찬 길이 남아 있는가
나뭇잎 사이로 쏟아지는
햇빛을 받으며 오른다.

골짜기 물에 얼굴을 비춰본다.
욕심이다.
불현듯 스치는 그림자
편서풍 올려부는 산자락에
무거운 마음을 날린다.

맑은 물이 제 속을 보여주듯이
내가 나를 들여다 본다.

얼마 남지 않은 삶
정해진 길에서
자유의 길로 들어선다.

추억의 저수지

고개를 넘으면
저수지가 나온다.

노을이 내리면
물이 반짝인다.

투명한 저수지는
속살까지 보인다.

물에 잠긴 나무가
몸을 흔드는데,

구름 사이사이
한가로운 물고기.

갑천에서

해가 지고 있다.
오리 한 마리 나타나
갈대 숲에서 길을 찾는다.

도둑고양이 한 마리가
오리를 덮친다.
고요한 이 곳에
생사가 소용돌이친다.

순간,
물을 차고 나는 오리
나는 네 먹이가 아니라며
하늘로 오른다.

저무는 갑천에서
저 오리처럼 나도
오늘을 벗어날 수 있을까.

마티재

5월의 이파리 사이로
추억이 보이는 고개

흰구름 한가롭게
산 봉우리를 맴돈다.

청년 시절 넘나들던
구름 아래 희망의 길

금강 줄기의 바람이
아름다운 그림을 그린다.

손짓하던 나뭇잎이
세월을 갈무리하는데

삶이 힘들 때면 가끔
마티 고개를 찾는다.

실려가는 나무

머리채 날리며
트럭에 실려가는 나무

오십 평생 어렵게 살다가
이사를 간다.

나도 한때
슬픈 상처를 받아서일까

괴로워 뒤트는 나무를
뒤따르고 있다.

어디에나 행복은 숨어 있고
노을은 아름답다.

제2부

시름을 묻었다

버스 정류장 풍경

바삐 가는 사람 앞에
지팡이 짚은 꼬부랑 노인
어딜 가는지
팔만 휘둘러 길을 막는다.

버스 기사는 종종걸음이다.

숨넘어가는 고함소리
대출 받아 정비소 차린 덕만이
기름 점퍼 질질 끌며
드라이버를 찾는다.

고향의 느티나무

고향 독골에는
속이 까맣게 불 탄 느티나무가
내 나이처럼 서 있다.

세월에 짓눌려서일까,
키가 줄었는지
어릴 때 올려보던 나무가
같은 키로 서 있다.

발길도 끊어진 한 밤에
정화수 떠놓고
손을 비비던 어머니,
우리 어머니를 지키던 나무

불에 탄 구멍은
소나기 가끔 지나고
구름 한 점 쉬었다 갈 때마다
울음소리를 안고 산다.

어둠을 씻는다

어둠을 안고
무거운 발걸음이 멈춘다.
복잡한 마음의 문도
함께 닫는다.

시끄러운 도시의 소음을
뒤로 하고
집으로 돌아온다.

동행한 어둠이 다가선다.
쉼없이 돌아가는
시계바늘 소리
선율이 되어
고요함을 깨우고 있다.

오늘도
적막에 몸을 던진다.
세상보다 더 너른 세상에서
마음을 씻는다.

그리운 사람

개 짖는 소리 아득하다.
달은 휘영청 밝은데
옷깃을 스치는 바람
귀뚜라미 울음소리
깊어가는 밤

잠을 못 이룬다.

살아온 길, 그리고
살아갈 길이
이처럼 아련하던가.
고요한 이 밤
지는 달 잡아 두고 싶다.

잠을 못 이룬다.

방문을 열고 닫으며
같이 가자던
사람을 기다린다.

손 잡아두던 그이
자박자박 걷던 소리다.

고향

산으로 둘러싸인 언덕에는 호박꽃이 핀다. 마을 새댁의 입술이 벌어질 때 산꿩의 울음소리가 요란하게 바람을 탄다.

고향을 떠나 50년, 떠도는 바람이 되어 돌아온다. 좋아하던 아랫마을 순이는 70이 되었는데도 목소리가 카랑카랑하다. 그렇게 높던 앞산도 눈 아래로 낮아지고, 산허리에 걸쳐 있던 모시밭에 기와집 한 채, 보이는 사람이 낯설다. 얼굴에는 주름살만 손에 잡힌다.

이방인의 침입에 놀란 개들이 짖는다. 산골의 적막을 깬다. 호박꽃 속으로 들어간 벌들이 잉잉거리며 노래를 짓는다.

소쩍새

슬픈 절규인가. 어둠 타고 가슴을 두드린다. 온 세상의 맥박이 정지된다. 옆에 있는 나무도, 땅 속에 있는 벌레도, 철모르는 산들바람도, 살그머니 무더움을 달랜다. 한낮 폭염의 위세가 아직 가시지 않은 밤, 얼굴에 눈물이 어린다. 삶은 때로 몸부림치며 울다가, 어느 때인가는 사라진다. 다시 털고 일어나 앞으로 가야겠다. 어둠이 깊어가면 새벽도 머지않은 법, 슬픈 세월도 지쳐 잠이 들리라. 이 밤이 가고 나면 나 또한 떠나리라.

가른이 고개

눈비 맞으며
넘고 넘던 고개 너머
대치 초등학교

거친 숨 몰아쉬며
묵묵히 오르던 아버지의 땀처럼
힘겨운 삶의 시작이었다.

배고픔에도
희망이 있었고
마중나온 어머니 미소가 있었다.

목화 다래 먹으며
고개에 오르면
정자나무 뿌리 아래
또아리 튼 구렁이 두 마리가 무서웠어도

어머니 사랑과
아버지의 정성이 살아 있는 고개

지는 해는
발걸음이 무거웠다.

* 가른이 고개 : 충남 청양군에 있는 고개 이름

첫 사랑

도토리묵을 먹다가
바닥에 떨어뜨렸습니다.
그제서야
첫 사랑을 생각합니다.

매끄럽고 연약하던 그
어쩔 수 없이 헤어진 그
꼭 잡아도 속절 없던 그
느슨해서 달아난 그
불안한 젓가락질처럼
뒷맛이 개운하지 않습니다.

바닥에 떨어진 묵에
그의 얼굴이
얹혀 있습니다.
슬픔도 조각나고 있습니다.

그리움

줄기를 끊어도
다시 자라는
질경이

이제는 잊으려고
밟고
비벼도
살아나는 질경이

칼바람 부는 겨울에는
땅 속에 숨었다가
봄이 오면
살며시 잎을 내밀고
꽃대를 세워 흔들린다.

왜, 당신은
내 가슴 속에
질경이를 심으셨는가.

시름을 묻었다

잠이 드신 아버지
등에 지게를 지고
7남매 기르려고
뼛골이 다 닳으셨다.

허리띠 졸라매고
배고픔 달래시며
땅이라도 물려 주려
하루해를 벗하셨다.

노을 따라 가신 아버지
그리움만 남기고
가슴에 꾸중을 심으신 채
떠나신 아버지.

아버지 마음

함박눈이 내린다.
내 가슴에
포근히 안긴다.

쌓인 눈을 밟는다.
자국이 끝이 없다.
마음의 깊이를 모른다.

아버지처럼
발목이 시려도
가슴은 따뜻하다.

아내에게

유월의 푸르름은 절정이다.
뜨거운 햇살은
살을 파고드는 세월
여인의 슬픈 얼굴이다.

가진 것 없는 타관 생활
갖은 수모 겪으며
자식을 위해
뼈마디 무르게 살아온 운명

단칸방에서 새우잠을 자고
화덕불에 끼니 잇고
고생을 안고
버텨온 삶이었건만

절망적인 위 수술
다섯째의 교통사고
흘린 눈물 남몰래 묻어두고
가슴에 박힌 못 자국

지금도 벗어나지 못 하고
다소곳한 매무새
골다공증으로
가슴은 숯으로 탄다.

황혼기

당진행 고속도로
밖은 빗소리
차안은 잔잔한 음악소리
미소와 함께
서러움이 치민다.

아들과 며느리를 보면
미소
따라붙은 세월을 보면
서러움
차 안에서 교차한다.

가족

찐 고구마를 앞에 두고
아들 딸이 둘러 앉습니다.
가난한 유년기에는
고구마가 끼니였습니다.

고난 속에서 벋어온 뿌리는
오늘의 주인입니다.
노란 고구마 속살이
옛날처럼 달콤합니다.

어느덧 세월이 흘러
푸른 잎사귀들이
지난 날의 추억처럼
괴로움을 어루만집니다.

아들과 딸은
머지않아
세상 어디든 벋어가는
햇살이 되리라 믿습니다.

칠남매

— 순원 순기 춘원 순점 기원 점순

차가운 바람을 타고
척박한 땅에
떨어진 씨앗들

뿌리를 잡고
가지를 벋느라
얼마나 힘이 들었을까.

칼끝처럼 시린 찬바람,
가뭄을 견디고 살아남은
채산의 소나무
어느덧 노송이 되었다.

지난 세월 아름다웠고
자랑스러웠다.
살다보면 어려움도 슬픔도
한 순간 스치는 바람이다.

아들에게

살기殺氣 어린 초원에서
영리한 코끼리는
그 새끼 하나를
다리 사이 가두어 기른다.

사자의 먹이로부터
보호하는 지혜로움

자식이 하나면 어떠한가
살아남은 자의
강철 같은 강함이
살육자의 목을 겨눈다.

나, 이 세상 떠날 때
웃음을 지으리라.
흙먼지 가득하면 그만이지
아들이 하나면 어떠한가.

둘째 딸

어느 겨울, 향천사 돌계단
네 살 된 딸
옥이가 뒹굴었다.

우울한 얼굴
어서 병이 나아 웃으라고
상처를 감추고
아픔을 삼키면서
기도를 하지만

헤아리지 못했던 어리석음
70이 되도록
돌계단에
몸 한 번 던지지 못했구나.

흔적

— 김원제

두 살 된 외손자가 인도에 산다.
얼마 전 어미 품에 안겨
내 집에 왔다.

낯이 설었다.
한 동안 꼼짝 않고 이것 저것
쳐다보다가
뒤뚱거리며 온갖 물건을
만져보고, 돌려보고
천방지축 돌아다녔다.

천진난만한 흔적이었다.
셀 수 없는 흔적을 남긴 빈 방
쓰다듬고 또 쓰다듬는다.
잔잔하게 가슴에 박힌다.

터질 듯한 그리움을 남기고
떠난 길
초봄의 햇살은 따스한데
주름진 얼굴에 바람이 차다.

내 마음이 가장 편할 때

— 김원제

마음이 가장 편할 때가 있다.
백일 된 외손자가
웃다가,
손 저어 안으려 하고
말도 안 되게 옹알거리며
빰을 대라고 애원한다.

창가 벌어진 커튼 사이로
쏟아지는 햇빛이
얼굴을 만지면
한 눈 감으며 윙크하는 걸
바라볼 때
내 마음이 가장 편하다.

손자에게

— 서윤호

내 희망 네가 있어
마음은 언제나 보름달이다.
얼마나 너를 기다렸는지
네가 없었다면 나는
줄 끊어진 종이연이다.

시들어 가는 몸
고된 삶에 취해
비틀거릴 때도
너를 생각하며
똑바로 걷는다.

지혜롭게 도전하고
용기와 인내로
건강하고 훌륭하게 자라
가문을 잇거라.
네가 있어
할애비가 가는 길은
깃털처럼 가볍단다.

외손녀

— 김윤정

인도에서 태어난 외손녀
삼백일이 지났구나.

장미꽃일까,
더운 햇살이
그늘로 몰고 가는 한낮
잠을 잘까,
재롱을 피울지도 몰라.

신기한 세상
웃음과 울음으로
묻고 대답하겠지.
이것이 삶의 시작이다.

눈부신 햇살이
할애비를 편안하게 한다.

제3부
흐르는 물에

흐르는 물에

옥에도 티가 있듯이
미움이 샘솟을 때가 있습니다.

세상을 바라보기 전에
흐르는 물을 먼저 보세요.

살다 보면
나와 생각이 달라서
미움이 생길 때가 있습니다.

그럴 때마다
흐르는 물에 흘려 보내십시오.

용서

밥을 먹다가 가끔은
흰 와이셔츠에 얼룩이 생깁니다.

순간의 실수는
세월이 지워주기도 합니다.

숨은 얼룩도 가끔은
바라보지 않는 것이 낫습니다.

너른 가슴으로
흰 와이셔츠에 점을 더 찍습니다.

삶

노을빛이다.
마지막 발광인가
뼈 속까지 파고 든다.

붉은 빛에 취한
저 구름
어디를 가는가.

지금껏 살았어도
삶이 무엇인지
구름처럼 흐릿하다.

기다리는 사람
반기지도 않는데
나는 왜 나섰을까.

어둠을 딛고
새벽을 기다리는데
바람이 차다.

김밥처럼 옆구리가 터져

싹을 틔워 푸르게 자랐다.
폭우를 견디고
햇볕을 받아
정성의 손길로 빚어낸
황금 결실

손에 살갗이 벗기어진 알몸
근본이 다른 몸과 섞는다.
손으로 누르고
김밥을 굴린다.
김에 싸여 까만 몸이다.

지금은 다문화 시대
모르는 사람과도
한 공간에서
어울려 행복을 찾아야 한다.

세상에서 내몰리는 사람들
옆구리 터져 나오는
김밥인 줄이나 알까.

지우개

거슬리는 말이
가슴에 파고들어
쓸쓸하게 만듭니다.

들리는 무수한 말들
한때 불어 닥치는
바람이지만
가슴에 쌓이고 쌓여
터질 것만 같습니다.

지우고 또 지워야
편안한 세상인데
한 장의 종이와 같은 존재
살아가는 방법을
지우개에서 배웁니다.

지워야 할 세상이
참 많습니다.

집착

바람에 날려 절벽에 떨어진 씨앗이 세상을 알기나 했을까. 바람을 원망해도, 옥토가 부러워도, 절벽에 매달려 평생을 산다. 물 한 방울 없는 바위틈, 뿌리의 끊임 없는 집착, 줄기와 푸른 잎을 키워 가볍고 아름답게 천수를 누린다.

알몸에서 싹 튼 뿌리가
바위 틈을 뚫는다.
빗물과 빗물이 만난다.

덧니

밤이 깊어 간다. 바람이 문고리를 흔든다. 문을 자꾸 바라본다. 강아지 털처럼 복스런 얼굴, 웃을 때 살며시 비치던 너의 덧니.

하얀 꽃밭에 호랑나비 날고 통치마 저고리 끈 끊어진 슬리퍼를 끌며 흐르는 개울가, 물방개 두 마리의 사랑 놀음을 쑥스럽게 바라보던 너의 눈빛.

징검다리를 건너 가파른 그 언덕을 도망치듯 허둥지둥 따라오던 너의 발걸음, 이제 반 백년이 지났구나. 혼자도 만들던 너의 그림자.

가냘픈 나비 날개처럼 살고 있는 나, 그리고 너, 푸른 시절에 나눈 말 없는 약속을 이제사 저 바람이 데려 온다. 웃어도 울어도 빛나던 너의 덧니.

삶의 바닥에서

옷깃을 스치는 바람처럼
세상에 남아 있다가
언젠가는 사라지리.

겨울 햇살 아래 그림자처럼
이름 석 자도 없이
그렇게 사라지리.

속으로 우는
삶의 무거움

이제 바닥이다.
바닥에서 불어오는 바람처럼
사라졌다가 다시 일어서는
아픈 그림자처럼

불현 듯 깨어나리
아름다운 눈물의 씨를 가꾸며
고운 꽃을 피워내리.

장끼는 왜 우는가

산을 울린다.
가락도 없이
고함을 친다.
꽃잎이 붉다.

당신을 사랑합니다

세상을 돌고 돌다가
내 머리채를 흔드는
바람이
얼굴을 그립니다.

당신과 헤어지고부터
나는
바람을 타고 헤맵니다.

사랑 뒤에 오는 이별
달그림자의 아픔을
달래려고

오늘도
비에 씻긴 듯 반짝이는
별을 보며
당신을 기다립니다.

눈물이 아름다운 것은

자식을 잃고
무겁게 삽니다.

바람에 날려
시간은 자꾸 가벼워집니다.

바람이 불고
비가 내리고
속절없는 세월이라 하지만
마음을 치유하고
희망을 가꾸기도 합니다만,

때로는
물거품처럼 사라진
눈물이
주체할 수 없이 흐르지만

그래도 아름다울 수 있는 것은
아직도 눈물이
남았기 때문입니다.

슬픔을 쓸고

어린 시절
아버지를 따라 저수지에 갔다.
물결을 타고 오는 귀신이 무서워
펄펄 뛰며 소리를 질렀다.

아버지는 단숨에 달려와
"저건 썩은 바가지다!"
나를 감싸 안았다.

타관을 떠돌다가 저수지를 찾아
노을이 반짝이는 물결을 본다.
그 얼굴이 어른거린다.

눈물이 흐른다.
수십 년이 지나도
만나지 못할 그 얼굴
물결에 슬픔이 인다.

지는 해를 멍하니 바라본다.

어둠이 다가온다.

잔잔한 바람이 슬픔을 쓸어준다.

그 사람은 무엇을 할까

고교 시절, 공부도 잘 했다.

몸짓과 말씨가 시골뜨기였던 그 학생, 좋은 대학에 합격하였다고 들었는데, 지금은 무엇을 할까. 초야에 묻혀 소꼴을 베고 폭염 아래에서 김을 매며, 새참에 막걸리 한 잔을 걸치고, 그늘 아래에서 낮잠을 잘까 몰라. 잘 나가는 사업가로 골프 채 들고 잔디밭을 누빌지도 몰라. 추운 겨울 허름한 시장 점포에서 손 호호 불어가며 물건을 팔지도 몰라. 개인사업을 하다가 거리의 노숙자로 내몰리지는 않았을까 몰라.

살기 좋은 세상에 그는.

아이스케키를 팔며

열일곱 살 여름, 나는 아이스케키 장사가 되어 통을 메고 서울 명동 골목마다 뒤지고 다녔지. 장사가 되지 않는 날은 하루종일 팔아도 싸구려 점심이었지. 숙소로 가는 버스비를 내면 얼마 남지도 않았지. 그래도 카네기 앞을 지나다 보면, 가슴에서 얼마나 불꽃이 튀었던가. 땀 흘리며 가슴 헤치고 나오는 남녀, 백여 개는 게 눈 감추듯 팔았지. 계성여고 가로수 아래 여학생들이 떼 지어 지나며 무시하는 곁눈질, 부끄러움이 머리끝까지 치솟아 올랐지. 잔등이 콩 볶는 줄도 모르고 수업료 보냈더니 어디에 쓰고 그 짓 하느냐고 실망하는 아버지 얼굴, 소스라쳐 눈을 떠 보니 밤 2시, 낮에 흘린 땀과는 달리 식은 땀이 주욱 흘러 내렸다.

취중의 한 마디

— 1968. 3. 1부터 공직생활

공직 시험에 낙방하고 시름에 잠겨 있을 때 눈보라는 문틈으로 스며든다. 문풍지까지 슬피 울어 땀내 밴 이불을 덮고 눕는다.

오늘이 불안하고 내일이 두렵다. 친구와 술을 마신다. 허름한 시골 주막, 다리 한 짝 없는 소반 위에는 멸치 한 주먹이 이야기를 한다. 막소주 세 병에 취한다. '너는 될거야.' 위안일까, 스치는 말일까, 위로가 된다.

나는 될 수 있다. 새벽닭 울 때까지 책상 앞에서 고통을 이겨내고 재도전한다. 이듬해 공직 생활을 시작한다. 취중의 말 한마디가 평생을 좌우할 수도 있다.

그림자를 재며

키가 큰 사내가 다가와 묻는다.
너는 그림자가 있느냐
도시를 왕래하는 버스 손잡이를
잡을 수 있느냐?

일상생활에 불편이 없는 나는
고개를 젓는다.

그가 자리를 뜬다.
뒤통수에 대고 나는 소리친다.
겉은 겉보리 같아도
외유내강의 칼을 갈며 산다.

그가 서쪽을 향해 걸어간다.
같이 걷는다.
세월이 흐른다.
칠순 모임에 다시 만나 내가 묻는다.

해질녘 그림자를 보았는가?
지는 꽃을 주워 보았는가?

겉보리

꺼럭은 거칠고
껍질은 두껍게 덮혀 있다.

까맣게 잊혀지는 겉보리
어렸을 때 목에 걸려
고통을 받은 일이 있다.

어머니의 한 많은 절구통
추억에서도 멀어진다.
가물거리는 겉보리
추억이 미소를 그린다.

수십 번 바뀐 전화번호
수첩을 들추어 본다.

'겉보리'라는 별명을 가진
동창이 있었다.
큰 키에 긴 얼굴
새삼 그리움에 불이 붙는다.

구산회

구월 구일 아홉 사람이
산을 찾아 땀을 씻는다.

숨소리와 서로의 눈빛
작은 시름도 놓치지 않는다.

이 세상 떠날 때
혼비백산 달려올 사람

장례식장 한 구석에서
뜨거운 눈물 흘릴 그대

황혼의 발걸음
삶의 외로움

소줏잔에 서린 서러움까지
서로 나누며 산다.

* 구산회 : 임업 공무원으로 구성된 산악회. 배기홍 회장이 이끌고 있음.

신발 한 짝

찢어지는 아픔을
혼자서 안고 살았는지
버려진 신발 한 짝

무거운 짐을 지고
먼 길 걸은 한 남자의
고통이 담겨 있다.

떨어지는 눈물을 받아
고향 마당에 부려 놓고
보름달을 맞이한다.

구겨진 휴지처럼
가뭄에 갈라진 강바닥처럼
흉하다 하지 마라.

아직도 가야 할 길
굴레를 벗어나지 못하고
그 길을 가야 한다.

그대는

그대 못 잊어
천장호를 찾았다.

출렁이는 물
햇빛과 산 그림자도 지웠다.
물보라만 칠 뿐
추억도 깨졌다.

산 그림자도 추억 속에서
춤을 춘다.
그대의 잔잔한 모습이
물위에 떠 있다.

칠갑산 가는 길에
천장호를 찾았다.

* 천장호 : 충남 청양군 칠갑산 기슭에 있는 호수.

빈 봉투

우리 집 강아지 한 마리
내가 나갔다 돌아오면
쏜살같이 달려와
내 손을 본다.

지난 시절
세금 내고 외상값 갚으면
텅 빈 월급봉투
그것을 보던 아내의 눈빛이다.

버리지도 못 하던
빈 봉투처럼
빈 손을 말끄러미 바라보는
강아지에게 미안하다.

제4부

아름다운 삶

호박

구덩이에 떨어진 씨앗
푸른 넝쿨로 자랐다.

비탈을 오르고
잡으려는 집착으로
노란 꽃을 피웠던가,
큰 열매가 튼실하다.

나도
저리 걸어왔을까.
넝쿨을 따라가면
지난 날이 꽃처럼 보일까.

꽃을 피우고
열매를 맺고
늙은 호박은
사랑방 시렁 위에 덩그렇다.

골목

떠오르는 해를 보고 나왔다가 노을을 등지고 돌아온다. 미니바지 여인이 살고 젊은 룸펜이 사는 골목이다. 아침 안개가 하얀 커튼처럼 가리워 내 몸을 칙칙하게 감싸안는다. 빛바랜 빨간 벽돌집에 물방울이 맺혀 있는 갑천변의 골목이다. 훈훈한 바람이 일고 향취가 퍼지면 미니 바지 여인의 눈동자가 커진다.

내 발걸음이 힘차다.

풍선 인형

거리에 서 있는 풍선 인형
몸통에 이름표 달고
원뿔 머리는 하늘을 날 듯
춤을 추고 서 있다.

허리를 꺾었다 폈다
어깨를 흔들며
미니 바지 여인의 머리를 치면서
남은 생, 춤이나 추자 한다.

평생 걸어오며 지친 몸
춤이나 추면서
남은 생애 신나게 살까나
바람에 몸이 흔들린다.

배나무를 보며

유성의 어느 과수원에서
배나무를 본다.
얼마나 무거울까
바람이 불면 꺾일 듯하다.

살기 힘든 세상
아직도
무거운 짐을 내려놓지 못한
나를 보는 것 같다.

오늘도
가볍게 살고 싶은 마음과 달리
욕심의 어깨에는
배나무 열매가 주렁거린다.

불빛

노을이 지고
어둠이 밀려오면
외로운 마을에 불이 켜진다.

외로운 산에도
누가 살고 있는지
불빛이 빤하다.

저 빛 때문에
눈물을 흘리고
희망도 찾는다.

불빛이 고마워서
내 가슴에
등불의 심지를 돋운다.

콩나물

구멍 뚫린 시루 안에서
오순도순 살고 있습니다.

흙 한 톨 없는
허공에 발을 디디고
정성을 먹고 자랍니다.

어둠 속에서 소리 없이
사랑의 빛을 찾아
금빛 삶을 이룹니다.

정성을 먹고 자란
나도
어느덧 고희가 되었습니다.

당신처럼 나도
아름다운 삶을
저렇게 그릴 수 있을까요?

아름다운 삶

얼마나 무거워
저렇게 휘어졌을까.

나무를 바라보며
무거워도 버리지 못하는
이유 없는 삶을 묵상한다.

가장 절실한 삶이
가슴을 파고 든다.

삶의 무게
하나씩 털어버리면
행복이 가까이 있는 법

굽은 허리 펴고
열매를 좀 덜고
먼 하늘을 바라보는 것이
아름다운 삶인 것을.

강가에서

어깨를 감싸는
포근한 햇살
그대를 바라봅니다.

강가에 앉아
흐느꼈던 눈물이 아직도
저 물결 속에 남아 있을까요?

발등을 쓰다듬는 물결은
말이 없습니다.
물새 한 마리 나처럼
울고 있습니다.

물거품처럼 사라진
눈물이
회한을 삼키며 걷습니다.

그대의 목덜미를 감아 돌던
바람이
내 얼굴을 스칩니다.

말발굽

경마장에 갔다.
달리는 말을 본다.
발굽이
바람을 가르며 땅을 울린다.

나도 저렇게 달리고 싶다.
술에 물 탄 듯
밋밋함은 저리 가고
섬광과 같은, 칼날 같은 눈빛으로
저렇게 달리고 싶다.

오늘의 그림자를 지우고
허공을 가르는
발굽을 본다.

내 가슴이 뛴다.
말도 못 하는 짐승이
혼신에 불꽃을 피운다.
쓰러져 우는 나를
경마장의 말이 일으켜 세운다.

지하철

문이 열린다.
가는 사람
배웅도
오는 사람
마중도
없다.
거친 숨
고르기도
바쁘게
문이 닫힌다.

한 점 구름인 것을

유성 시장 입구
중고 트럭에 참외를 놓고
손님을 기다리는 노파가
슬픈 눈빛을 나에게 쏟는다.

헐렁한 점퍼
낡은 운동화
주름진 얼굴
나의 뒷모습이다.

평생을 살다 남은 것이
시들어 가는 참외 몇 개일까,
다리 아래 부는 바람이
구름을 부른다.

갈 길 바쁜 사람들은
거들떠보지도 않는다.
저 많은 사람들은 그저
한 점 구름일 뿐이다.

대웅전의 기둥

대웅전을 받치고 있는
기둥을 본다.

반듯하게 자라
죽어서까지
저리 천년을 받치고 있구나.

백년도 못 살고
지쳐 쓰러지는데
얼마나 힘이 들까.

중학교 때,
아버지가 기둥 같았다.
기울어지는 대웅전
기둥 같았다.

잠드신 후에도 여여하게
집안을 떠받치신다.

칠선 계곡

— 어느 아비의 심정으로

자식 잃은 아버지의 절규가
가슴에 회한을 터트린다.

지리산 칠선계곡에 피서 왔다가
뿔 달린 계곡물이
외아들을 잡아 당겨
화장터에 보내고
그 회한, 그리움이 붙잡아
차마 떠나지 못한다.

오늘도 아무 일 없는 척
떨어지는 붉은 잎
웅크린 붉은 물
보기도 싫어 뒤돌아서는데
다가서는 그림자

내 가슴에 지우지 못하는
아들이 하나 있다.

새로운 길

— 요절한 영진이를 그리며

꽃봉오리가 꺾였습니다.
거울 같이 깨끗한 꽃
향기도 남기지 않은 채
너무 일찍 갔습니다.

뭉친 가슴을 풀려고
길을 걸었습니다.
발 끝에 떨어지는 눈물
자꾸 땅 속으로 나를 인도합니다.

흐르는 눈물 속에서 반짝이는
하늘을 바라봅니다.
햇빛을 타고 오는
어린 꽃봉오리가 웃습니다.

꺾인 꽃봉오리를 통하여
눈물을 주신 분이여
그 눈물 대신
시의 길을 예비하셨던가요?

너를 찾아서

— 서영진

내 마음이 하도 서러워
너를 찾아 나선다.

산내 천주교 공원묘지
지켜주지 못한
회한의 눈물로 다가간다.

네 손을 꼭 잡고
하고 싶은 말 전부 하라고
엉엉 울어라.
모두 받아 주리라.

검은 돌 십자가에
눈물을 묻고
용서를 빌며
터벅터벅 내려오는 길에
소나기가 앞을 가린다.

좀 도둑

교실에서 돈이 없어졌다.

체육시간에 교실에 남았던 나에게 시선이 집중되었다. 언제까지 돈이 있었나? 선생님 물음에 체육복을 갈아 입을 때도 있었다고 말한다. 얼굴이 붉어지고 입만 달싹이며 천지가 개벽을 해도 나는 결백하다. 이제 그만 범인을 잡았다는 듯 교무실로 불려갔다. 다그치는 선생님, 나는 끝까지 아니라고 했지만 액수가 많지 않아 그냥 넘어간다고 했다. 나만 쳐다보고 다그쳐서 이를 악물고 참았다. 눈물이 났다. 그 놈은 치맛바람 어머니를 둔 반장이었다. 구름을 타고 그도 가고, 나 또한 떠났다.

나는 좀도둑이 되고 말았다.

도시의 숲

도시의 숲,
아른거리는 시를 잡으려
헤맨다.

푸름이 어깨를 감싸고
외로움이 갈 길을 잡는다.

아름다운 꽃은
나처럼 살라 하고
새들은
시 짓는 법을 노래한다.

까마득한 구름 한 점
잡을 수 있을까,
도시의 숲에서 헤맨다.

언제 물이 고일까

머리를 쥐어짜도
가뭄 논에 물 빠지듯
꼬리를 감춘다.

수많은 날
고통과 희망의 길을 걸어오면서
들은 이야기와
버림 받아 울고 있는 언어를 찾아
머리 풀어가면서
뿔뿔이 달아나는 생각도 모아
시를 쓴다.

언제쯤
마른 논에 물이 고일까.

시작노트

당신을 사랑했노라.
지는 해를 바라보며
달빛의 그리움을
한 줄의 글로 남긴다.
바람에 밀려간
세월의 잔등에
비가 내린다.
어둔 밤에
별들이 반짝이듯
당신의 모습을 그린다.

빗물이 되어

—시에 대한 사랑으로

동행할 수 없는 먼 길
무거운 몸을 남겨 두고
사랑 하나 가볍게 안은 채
다 지우고 떠나리.

상처를 주었다면
사죄하는 마음으로
그래도 모자라면
뜨거운 눈물로 호소하리.

당신이 그리울 때마다
빗물이 되어
고운 몸을 적시리
구석구석 씻으리.

하여, 마지막으로
무작정 흐르리.
당신이 있어 행복하였다고
무작정 흘러 내리리.

대전문예대학

매주 목요일, 10시 30분, 우리는 버스를 타고 지하철을 타고 모인다. 시를 낭송하고 합평회를 한다. 얼굴을 맞대고 가슴을 나눈다.

딱딱한 의자에 앉아 가슴을 열어 보이고, 비밀스러운 구석을 바라본다. 진정한 시인이기를 바라면서 삶의 고뇌를 슬기롭게 밝히는 등불이 되고 싶다.

빛바랜 건물 위에 꼿꼿하게 서 있는 저 십자가를 보라. 다 썩어가는 벽돌 위에 발을 디디고도 햇빛 받아 눈부시지 않은가.

시인은 떠나도 그대는 홀로 남는구나. 서운해 하지 않고 내일을 기다리는구나. 사랑한다. 사랑한다. 외치는 소리가 귓전을 울린다.

* 문학사랑에서 개설한 문학 사숙.

■ 작품해설

자연에서 구한 지혜와 담결한 서정

— 서인원 시인의 작품세계

문학평론가 리 헌 석
(사)문학사랑협의회 이사장

1.

서인원 시인은 단정하다. 고희(古稀)에 이른 반듯한 자세도 그렇지만, 대인관계 역시 흐트러짐이 없이 예의가 바르다. 세상의 인정에 좌고우면(左顧右眄)하지 않고 자신의 지향에 몰두하는 모습이 아름답기도 하다. 때로는 너무 고지식하다고 할 정도로 꽂꽂한 성품은 평생 공무원으로 봉직한 환경의 영향인 듯하다.

그는 1942년 2월 23일, 충청남도 청양군 대치면 수석리 361번지에서 태어난다. 그 곳은 충청지방의 알프스라고 불릴 만큼 칠갑산을 중심으로 한 전형적인 산촌이다. 부모가 다랑이 논과 밭에서 농사를 지었기 때문에 경제적으로 어려운 성장기를 보낸다. 초등학교를 마치고, 중학교 2학년 때 청운의

꿈을 안고 가출성 상경(上京)을 도모한다. 온갖 어려움을 극복하면서 중학교 과정을 마친 그는 주경야독으로 고등학교까지 마친다.

당시 1950년대 청소년들 대부분이 겪었을 그 어려움을 서인원 시인도 몸소 체험한다. 여러 정황에 의해 귀향을 하게 되고, 이로 인하여 농사를 지으며 공무원 시험공부를 겸한다. 그는 군(軍)에 입대하여 복무하면서도 시험공부를 계속하여, 제대 후 바로 공무원 시험에 합격한다. 이후 대전과 충남의 시군(市郡)에서 공무원으로 근무하며 행복한 결혼 생활을 영위한다. 특히 2남 3녀를 훌륭하게 양육하는 등 건강하고 모범적인 사회생활을 한다.

그러다가 삶의 평화가 깨지는 일이 일어나, 그는 헤어날 수 없는 고통의 늪을 만난다. 1997년 6월에 막내아들이 17세의 어린 나이에 교통사고로 숨진 것이다. 부모가 돌아가시면 산에 묻고, 자식이 앞서 가면 가슴에 묻는다는 말처럼, 그는 가슴에 박힌 슬픔을 감내할 수 없는 지경에 이른다. 씻어도 가시지 않는 아픔을 추스르기 위하여 산과 강을 찾아 방황하였으며, 때로는 삶을 포기하기 직전에 이르기도 한다.

해가 지고 있다.
오리 한 마리 나타나
갈대숲에서 길을 찾는다.

도둑고양이 한 마리가

오리를 덮친다.
고요한 이곳에
생사가 소용돌이친다.

순간,
물을 박차고 나는 오리
'나는 네 먹이가 아니다.'
하늘로 오른다.

저무는 갑천에서
저 오리처럼 나도
오늘을 벗어날 수 있을까.

—「갑천에서」 전문

서인원 시인은 어느 저녁 무렵에 갑천을 찾는다. 이 시내는 대전광역시 서구와 유성구를 사이에 두고 흐르는데, 산책길이 잘 마련되어 있다. 이곳을 찾은 시인은 우연히 갈대밭을 헤매는 오리를 만난다. 혼자 돌아다니는 오리의 모습과 자신의 모습이 오버랩 된다. 그런데 갑자기 고양이가 나타나 오리를 공격한다.

그러나 오리는 물을 박차고 날개를 퍼덕이며 그 곳을 벗어나 하늘로 사라진다. 그때서야 시인은 자신이 위험을 벗어난 것처럼 안도감에 젖는다. 다시 현실로 돌아와 자신도 〈저 오리처럼〉 〈오늘에서 벗어날 수 있을까〉 자문(自問)한다. 이 작품에서 중요한 시어(詩語)는 벗어나야 할 '오늘'이다. 평생 공무원으로서 평탄한 생활을 유지하였을 그가 '오늘'을 벗어나고자 한다. 특히 목숨이 경각과 같이 위급한 상황으로 비유한 것은 그만의 특별한 의미가 있었기 때문이다.

이와 같은 형상화는 고양이에 의해 죽임을 당할 번한 오리처럼, 자신도 어떤 슬픔이나 아픔에 의하여 죽음 가까이 다가가 보았다는 전제를 담는다. 즉, 자신의 내면이 죽음 직전까지 이를 정도로 슬프고 아팠다는 것에 다름 아니다. 이러한 아픔이었기에 그 고통에서 벗어나기 위하여, 60대 중반에 시 창작에 매진하고, 고희에 이르러 시집을 발간한다. 이 시집에 수록된 작품을 통독하고 정독하면서, 그의 지향과 서정의 세계를 기행(紀行)하고자 한다.

2.

사람의 성향은 대부분 원심력과 구심력의 양상을 보이는 것 같다. 젊어서는 공부를 하기 위해서나, 혹은 취업을 하기 위하여 고향을 떠나는 경우를 본다. 혹자는 꿋꿋하게 고향을 지키기도 하지만, 젊은이들의 속성은 원심력에 바탕한다. 그러나 나이가 들면서 고향에 대한 추억이 아름답게 느껴지기 시작하고, 돌아갈 수 없는 고향에 대한 막연한 그리움에 젖기도 한다. 이같은 고향의 구심력에 의하여, 혹자는 귀향(歸鄕)하기도 한다.

서인원 시인도 취업에 의하여 고향을 떠나 타지에서 생활한다. 고향이 가까이에 있지만 정주(定住)할 수 없기 때문에,

고향은 더욱 아름다운 서정의 공간으로 자리 잡는다. 어린 시절의 추억, 부모님과 고향 어른들에 대한 그리움, 회갑을 지날 때까지 고향을 지킨 자연물에 대한 애정이 작품에 투영된다. 다른 사람들에게는 그다지 소중하지 않을 수 있는 사물들이 시인에게는 형언할 수 없는 가치를 지닌다. 이것이 추억의 마력(魔力)이다.

어린 시절 고향의 서정이 담긴 특별한 사물은 「찔레꽃」이다. 초록빛 햇살을 받아 덤불 속에서 반짝이는 찔레순을 꺾어 먹던 추억이 그를 고향으로 부른다. 〈가난도 모르고/ 삶도 몰랐던 그 시절〉이 산 너머 금강물처럼 추억 속에 흐른다. 세월이 지나면서 〈잊혀지는 고향의 꽃〉이지만, 한없이 맑고 〈깨끗한 그 꽃〉은 시인의 내면과 동일시를 이룬다. 이와 같이 순수한 마음으로 고향의 산을 바라보며 소회를 밝힌 작품도 특별한 감동을 생성(生成)한다.

> 우리 아버지는 일자무식이셨다. 어머니는 허공을 보고 고함을 지르셨다. 기울어 가는 가세(家勢)처럼 대추나무는 빗자루병에 걸려 있었다. 문박산 바위가 바라보이는 초가집에서 태어나 눈썹이 까만 나는 어머니의 작은 키를 닮았다.
>
> 평생 고집과 자존심으로 버티어 따라다닌 것 외로움이었다. 불의는 싫었고, 어려움은 피하지 않았다. 얼굴에서 얼음 같은 냉기를 읽고, 눈에서는 순정을 느끼는 시골 아낙도 있었지만, 후회하고 채찍질하면서 절름발이처럼

살아왔다.

함박눈 내리는 새벽
문박산을 바라보며
속을 비운다.

—「문박산을 바라보며」 전문

길지 않은 작품에 그의 일생이 집약되어 나타난다. 아버지와 어머니를 통한 가정 환경, 특히 〈기울어 가는 가세처럼 대추나무는 빗자루병에 걸려 있었다.〉는 직관적 사유가 놀랍다.

어느 때부터인가, 대추나무에 바이러스가 들면서 대추나무 가지에 '댑싸리' 같은 자잘한 가지와 잎이 생겼다. 이 병이 생기면 나무가 자라지 않고, 대추도 열리지 않으며, 서서히 죽어가는 무서운 병이다. 이 병명(病名)은 사람들의 시각에 따라 도깨비집병, 미친병, 천구소병, 댑싸리병 등으로 불리는데 최근에 댑싸리로 만든 빗자루와 같다고 하여 '빗자루병'으로 굳어지는 것 같다. 시인은 기울어가는 가세를 빗자루병에 걸린 대나무로 형상화하고 있는데, 이는 아무나 쓸 수 없는 것이어서 그만의 문학적 성취라 하겠다.

시인은 이 작품을 통하여 자신의 지향(指向)도 밝힌다. 평생 고집과 자존심으로 버티었기 때문에 외롭게 살아야 했다는 것이다. 〈불의는 싫었고, 어려움은 피하지 않았다.〉면, 그는 양심에 따라 바르게 살았다는 자부심, 자신의 업무나 타인을 위한 봉사에서는 자발적으로 실천하였다는 성실성을 서술한다. 그런 내면으로 고향의 문박산을 바라보며 초심(初心)을 되찾는다. 그래서 그의 눈빛은 맑고, 그의 자세는 단정할 수 있었을 것이다.

3.

서인원 시인은 자연의 대유(代喩)로 꽃이나 나무를 선택한다. 「고향의 느티나무」에서는 속이 까맣게 불 탄 느티나무가 자신의 나이처럼 서 있다고 진술한다. 어릴 때는 올려보던 나무가 현재는 자신과 같은 키로 서있다는 깨달음도 담는다. 그 나무에서 〈발길도 끊어진 한 밤에/ 정화수 떠놓고/ 손을 비비던 어머니/ 우리 어머니를 지키던 나무〉를 추억한다. 「배나무를 보며」에서는 〈살기 힘든 세상/ 아직도/ 무거운 짐을 내려놓지 못한/ 나를 보는 것 같다.〉면서 힘들게 살아가는 자신의 삶과 동일시한다.

그렇지만, 그는 소나무에 대한 관심이 특별하여, 여러 편의 작품에서 중심 제재로 선택한다. 고향에서 만난 「채산 소나무」에서는 〈타관에서 떠돌다가/ 황혼기에 다시 찾아/ 지난날의 상처를/ 더듬〉으며, 아직도 뿌리 내리지 못하고 떠도는 자신과 대조한다. 바위 절벽에 수평으로 누워 사는 「은선폭포 소나무」를 견주어 〈남과 똑 같은 삶은 싫다.〉는 자신의 지향을 의탁한다. 〈아직도 삶의 무거운 짐을 털지 못하고/

허둥대는 나〉에게 자신을 버리며 욕심없이 살라는 무언의 가르침을 노래하기도 한다. 「도솔산 등산로에서」 만난 소나무는 뿌리가 허옇게 드러나, 그 뿌리에서 피멍울을 찾아내는 혜안을 보인다. 〈드러난 상처를/ 제 손으로 감쌀 수 없는 나무의 운명〉을 통하여 '나'를 돌아보는 계기로 삼는다.

이러한 형상화는 사시사철 푸른빛을 잃지 않는 소나무는, 사회생활에서 마주치는 크고 작은 갈등과 직면할 때 꿋꿋하게 견딜 수 있는 멘토(Mentor)로 기능한다. 소나무가 그를 가르치거나 지도할 수는 없지만, 그가 스스로 소나무에서 자신의 지향을 감득(感得)한 것은 분명하다. 특히 상처가 심한 소나무를 통하여 자신의 아픔과 슬픔을 극복하는 지혜가 빛난다.

칼에 찔렸는지
눈물처럼 흐르는 송진 자국이
허옇게 묻어 있다.

앞으로 다가섰다.
몇 날을 울었는지
눈물 자국이 길게 나 있다.

제 살 깎인 자리
평생 지우지 못 하고
살아가는 상처가 아프다.

세상 삶이 이런 것이려니

받은 상처
피할 수 없을 때도 있으려니,

무심코 잎을 본다.
상처를 다독이며
소생을 기원하는 힘이다.

—「소나무를 보며」 전문

소나무에 난 상처, 그 곳에는 눈물처럼 송진이 흘러 하얗게 묻어 있다. 몇 날을 울었는지 그 눈물 자국이 길게 나 있다. 깎여서 패인 그 상처를 안고 살아온 소나무를 바라보며 아픔을 공유한다. 시인이 어떠한 관점에서 이와 같은 형상화를 하였는지, 이 작품만으로는 구체적성을 파악할 수 없지만, 독자들은 크게 세 갈래 관점에서 상상력을 발휘할 것 같다.

첫째는 소나무의 상처 그 자체를 노래한 즉물시(卽物詩)로 이해할 수 있다. 이와 같은 상처를 입고서도 소생을 기원하는 솔잎의 푸른 힘을 노래하였다는 시각이다.

둘째는 소나무의 상처를 보며, 자신이 겪은 아픔과 동일시를 이루었다는 관점이다. 소나무가 흘린 눈물 자국이 길게 나 있다든가, 그 상처를 평생 지우지 못하고 살아가는 운명이라는 자각은 소나무와 자신의 아픔이 동질적이라는 시각이다.

셋째는 소나무의 상처에서 역사적 고통을 찾아낼 수도 있다. 1910년 조선이 망하고, 일본의 압제에 시달리던 20세기 초중반에 우리 민족은 형언할 수 없는 고통을 겪는다. 일본의 강요에 의하여 우리 겨레는 온갖 명목의 공출(供出)에 시달린다. 급기야 소나무 기름을 채취하기 위해 마을이나 산에 있는 큰 소나무의 껍질에 상처를 내고, 그 상처에서 흐르는 송진을 받아 공출에 응해야만 했던 겨레의 아픔까지 찾아낼 수 있다. 상처가 아물지 않은 채 몇몇 소나무가 아직까지 살아 남아 역사적 고통을 증언하고 있다.

이와 같이 다양한 해석을 가능하게 하기 때문에, 이 작품은 공감대의 영역이 넓어지는 특성을 지닌다. 이러한 작품을 창작하기 때문에, 서인원 시인이 진정한 의미의 시인으로 평가받는 것이다.

4.

평범한 공직자이며 생활인이었던 그에게 시를 빚게 한 직접적 동인(動因)은 심리적 충격이었다고 고백한다. 교통사고로 사망한 아들이 그를 방황하게 하고, 시를 쓰게 하였다는 것이다. 특히 막내아들이어서 특별한 관심과 사랑을 베풀던 터였고, 자타가 공인할 정도로 명민하였으며, 인품 또한 가상하였기 때문에 그 충격은 클 수밖에 없었으리라. 그리하여 10년 가까운 세월을 방황하던 그에게 시 창작에 대한 열망이 솟구쳤고, 이로 인해 참척(慘慽)의 아픔을 어느 정도 가라앉힐 수가 있었으리라.

그러나 아들에 대한 직접적인 서정을 노래한 작품이 드문 것은 형언할 수 없을 정도로 그 충격이 컸기 때문이리라. 오랜 세월이 흘러 노도와 같이 소용돌이치던 흙탕물이 좀 가라앉고, 맑은 물이 우러나올 때쯤에야 가슴에서 솟구치는 노래를 빚을 수 있을 것이다. 그는 한때 자신을 버려진 「신발 한 짝」으로 여기면서 좌절의 순간을 맞기도 한다. 〈찢어지는 아픔을/ 혼자서 안고 살았는지/ 버려진 신발 한 짝〉에는 〈무거운 짐을 지고/ 먼 길 걸은 한 남자의/ 고통〉이 담겨 있다는 것이다. 그러나 그는 이러한 고통을 스스로 극복하는 예지를 발휘한다. 〈구겨진 휴지처럼/ 굴레를 벗어나지〉 못할 망정 자신의 길을 의연하게 걷는다.

그 계기 중 하나가 경마장에서 달리는 '말(馬)'에 연유한다. 그 과정을 분명하게 정리한 작품이 「말발굽」이다.

경마장에 갔다.
달리는 말을 본다.
발굽이
바람을 가르며 땅을 울린다.

나도 저렇게 달리고 싶다.
술에 물 탄 듯
밋밋함은 저리 가고
섬광과 같은, 칼날 같은 눈빛으로
저렇게 달리고 싶다.

오늘의 그림자를 지우고
허공을 가르는

발굽을 본다.

내 가슴이 뛴다.
말도 못 하는 짐승이
혼신에 불꽃을 피운다.
쓰러져 우는 나를
경마장의 말이 일으켜 세운다.

—「말발굽」 전문

〈쓰러져 우는 나를/ 경마장의 말〉이 구원한다. 달리는 말발굽으로 인해 삶의 새로운 의미를 찾게 되고, 이로 인하여 솟아오르는 의욕을 얻는다. 이러한 의욕도 「집착」과 같은 의미를 생성한다. 〈바람에 날려 절벽에 떨어진 씨앗이 세상을 알기나 했을까. 바람을 원망해도, 옥토가 부러워도, 절벽에 매달려 평생을 산다. 물 한 방울 없는 바위틈, 부리의 끊임없는 집착, 줄기와 푸른 잎을 키워 가볍고 아름답게 천수를 누린다.// 알몸에서 싹 튼 뿌리가/ 바위틈을 뚫는다./ 빗물과 빗물이 만난다.〉에서처럼 생의 치열(熾烈)을 노래한다.

그리하여 「소쩍새」에서처럼 〈삶은 때로 몸부림치며 울다가, 어느 때인가는 사라진다. 다시 털고 일어나 앞으로 가야겠다.〉면서 '슬픈 절규'를 극복한다. 이것이 서인원 시인이 찾은 삶의 진정성이고, 평생을 견지해온 그만의 독자적 세계라 하겠다.

5.

고희(古稀)를 맞은 서인원 시인은 자신의 삶을 반추(反芻)한다. 어떤 삶이든지, 그렇게 살 수밖에 없는 운명적인 것이지만, 되돌아보는 사람에 따라 그 무게와 색깔이 다르게 마련이다. 그의 삶도 타인들의 눈에는 농촌의 가난했던 청소년이 공무원으로 평생을 지냈으니 자수성가한 사람으로 인정받을 것이다. 그렇지만 시인 자신은 입신양명하지 못한 자신을 자조적으로 노래하기도 한다.

「콩나물」을 기르며, 그 과정과 자신의 삶을 비교한다. 〈구멍 뚫린 시루 안에서/ 오순도순 살고 있습니다.〉 〈흙 한 톨 없는/ 허공에 발을 디디고/ 정성을 먹고 자랍니다.〉라고 콩나물의 속성을 노래한 후, 그는 〈정성을 먹고 자란/ 나도/ 어느덧 고희가 되었습니다.〉라고 자신과 콩나물을 동일시한다. 그러면서 〈당신처럼 나도/ 아름다운 삶을/ 저렇게 그릴 수 있을까요?〉 지향(志向)을 확인한다. 즉 〈어둠 속에서 소리 없이/ 사랑의 빛을 찾아/ 금빛 삶〉을 이룬 콩나물의 가치를 소중하게 여긴다.

여기에서 말하는 '아름다운 삶'은 다른 작품의 제목으로 선택되기도 한다. 「아름다운 삶」에서 그는 열매를 많이 달고 있는 나무를 제재(題材)로 삼는다. 생활의 무게가 얼마나 무거워 나무의 가지가 저렇게 휘어졌을까, 걱정을 하며 〈무거워도 버리지 못하는/ 이유 없는 삶을 묵상〉한다. 그리하여 〈삶의 무게/ 하나씩 털어버리면/ 행복이 가까이 있는 법〉이라는 경지에 이른다. 이렇게 살면서 〈먼 하늘을 바라보는 것〉이 아름다운 삶이라고 깨닫는다.

이런 깨달음은 그에게 생활 속의 작은 울림에도 예민하게 반응한다. 아주 하찮은 사물과 현상에서 새로운 의미를 탐구한다.

우리 집 강아지 한 마리
내가 나갔다 돌아오면
쏜살같이 달려와
내 손을 본다.

지난 시절
세금 내고 외상값 갚으면
텅 빈 월급봉투
그것을 보던 아내의 눈빛이다.

버리지도 못 하던
빈 봉투처럼
빈 손을 말끄러미 바라보는
강아지에게 미안하다.

—「빈 봉투」 전문

사소한 제재를 통하여 공감대를 형성하는 것이 시인의 몫이다. 이러한 몫을 시인은 성실하게 작품으로 보여준다. 이렇듯이 그는 시 창작에 대한 열망(熱望)으로 작품을 빚는다. 「시작노트」에서 〈지는 해를 바라보며/ 달빛의 그리움을/ 한 줄의 글로 남긴다.〉 〈어둔 밤에/ 별이 반짝이듯/ 당신의 모습을 그린다.〉 등에서 그의 지향이 나타난다.

또한 「언제 물이 고일까」에서 시창작의 갈급함을 절실하게 노래한다. 〈머리를 쥐어짜도/ 가뭄 논에 물 빠지듯/ 꼬리를 감춘다.〉 〈고통과 희망의 길을 걸어오면서/ 들은 이야기와/ 버림받아 울고 있는 언어를 찾아/ 머리 풀어가면서/ 뿔뿔이 달아나는 생각〉을 모아 작품을 완성하겠다는 의지를 투영한다. 「도시의 숲」에서처럼 그는 〈아른거리는 시를 잡으러〉 도시의 숲을 헤맨다. 이렇게 작품을 빚으려는 시인의 갈구(渴求)가 놀랍다.

이와 함께 「빗물이 되어」에서는 〈동행할 수 없는 먼 길/ 무거운 몸을 남겨두고/ 사랑 하나 가볍게 안은 채/ 다 지우고 떠나〉겠다고 노래한다. 이 작품에서 〈상처를 주었다면/ 사죄하는 마음으로/ 그래도 모자라면/ 뜨거운 눈물로 호소〉하겠다는 것은 허정(虛靜)의 경지에 이르고자 하는 지향이다. 이렇게 비워낸 공간에 그는 또 다시 '아름다운 서정'과 '삶의 진실'을 담아낼 것이다.

이것이 바로 시인의 운명이고, 수많은 작품을 통하여 공감(共感)의 동그라미를 새롭게 그리면서, 독자들의 가슴에 크고 다양한 울림을 형성하리라 확신한다. 이러한 믿음으로 그의 작품 기행(紀行)을 마친다.

후기

긴 터널을 지나왔습니다.
눈부신 햇살이 저를 일으켜 세웁니다.
지난 삶을 생각하면서
쓴 첫 시집입니다.
흠이 너무 많아 두렵습니다.
내일을 생각합니다.

오늘이 있기까지 지도해주신 리헌석 회장님, 조남익 학장님, 김영수 원장님 그리고 바르게 이끌어주신 김동민 선생님 외 선배 시인님, 감사합니다.

시집을 잘 만들어 주신 문학사랑 이영옥 편집장님 고맙습니다.

2012. 1. 서 인 원

문박산 그루터기

서인원 시집

발 행 일 | 2012년 1월 14일

지 은 이 | 서인원
발 행 인 | 李憲錫
발 행 처 | 오늘의문학사
출판등록 | 제55호(1993년 6월 23일)

주 소 | 대전광역시 동구 삼성1동 125-6 한밭오피스텔 401호
전화번호 | (042)624-2980
팩시밀리 | (042)628-2983
홈페이지 | http://www.lito77.co.kr(홈페이지)
전자우편 | hs2980@hanmail.net

공 급 처 | 한국출판협동조합
주문전화 | (070)7119-1741~2
팩시밀리 | (031)944-8234~6

ISBN 978-89-5669-478-8
값 8,000원